Poemas curtos
do infinito

Tiago C. Gomes

Casa
Chão
Teto

Nuvem
Céu
infinito

Tatear

sentir

infinito

Azul
Ilusão
universal

Ar

água

imersão

Tempo
Tempo
Tempo

Cada
Infinito
próprio

Todo
Infinito
Comum

Luz
Janela
chão.

Gesto
Palavra
chão.

Olhos
Profundos
infinito.

Cada
casa
mundo.

Distância
Espaço
finito.

Saudades
Espaço
infinito.

Açúcar
Doçura
Feita.

Amor
Forma
Feita.

Cura
Tempo
Ação.

Forma
Tempo
Ação.

Janelas
são
infinitos.

Portas
abrem
fecham.

Empreender
correr
infinito.

Compreender

ficar

infinito.

Querer
tempo
ilusão

Querer
Ilusão
tempo

Tempo
querer
ilusão

Espaço
verdade
ilusão.

Não
saber
infinito.

Saber
fugir
infinito.

Madeira

Terra

vida

Folha
vento
vida

Cada
calma
infinito.

Cada
fim
começo.

Pássaros
arvores
céu.

Flores
folhas
madeira.

Cabelos
Cores
Suspiros

Infindo
água
precipício.

A obra
sobra
infinito

Ela
será
ela.

Cada
minuto
termina.

Tudo
muda
sempre.

Infinito
chão
precipício.

Cão
carro
lua.

Toda
Ilusão
infinda.

Todos
são
infinito.

Água
flui
Infinito.

Não
existe
fim.

Outro
lado
existe

Querer
Infinito

ser

fim

ISBN: 978-65-00-23840-2

9 786500 238402